SOCIÉTÉ DES CHEFS D'INSTITUTION

DES DÉPARTEMENTS DE LA SEINE, DE SEINE-ET-MARNE ET DE SEINE-ET-OISE

A LA MÉMOIRE

DE

BENOIT FRANÇOIS ANDRÉ-PONTIER

27 NOVEMBRE 1875

À LA MÉMOIRE

DE

BENOIT FRANÇOIS ANDRÉ-PONTIER

LICENCIÉ ÈS-LETTRES,
PRÉSIDENT HONORAIRE DE LA SOCIÉTÉ DES CHEFS D'INSTITUTION
DE LA BANLIEUE,
ANCIEN MAIRE DE NOGENT-SUR-MARNE,
DÉLÉGUÉ CANTONAL POUR L'ARRONDISSEMENT DE SCEAUX,
EX-VICE-PRÉSIDENT DE LA SOCIÉTÉ DE PATRONAGE DES JEUNES ORPHELINS
DE LA SEINE,
CHEVALIER DE LA LÉGION D'HONNEUR,
OFFICIER DE L'INSTRUCTION PUBLIQUE.

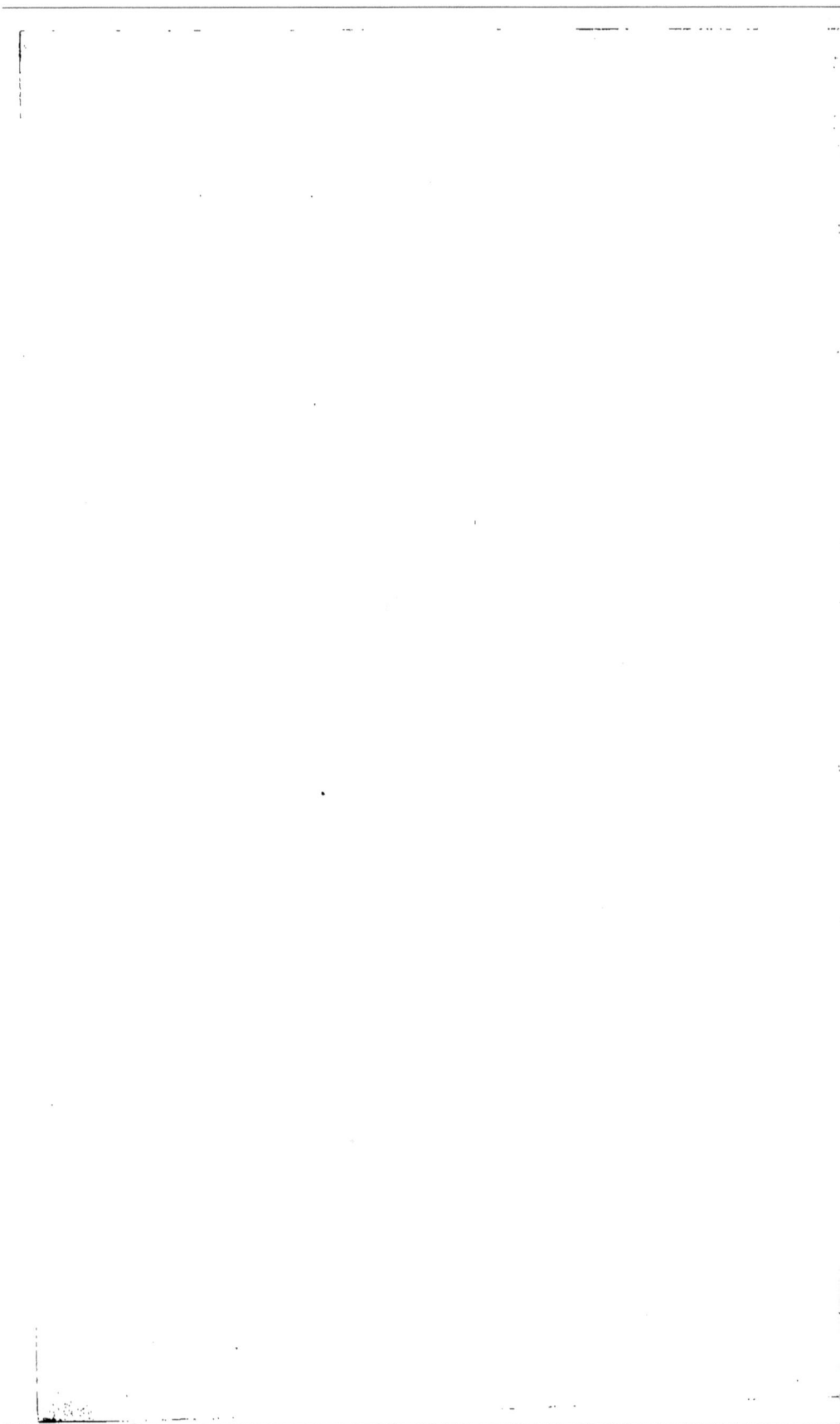

A LA MÉMOIRE

DE

BENOIT FRANÇOIS ANDRÉ-PONTIER

Le 27 novembre 1875.

La mort qui semble parfois oublier les familles nombreuses, se plaît en d'autres temps à les frapper de ses coups redoublés. Une expérience cruelle le rappelle à cette heure à la famille fraternelle des Chefs d'Institution. Cinq fois atteinte en 1871, au lendemain des grands désastres, notre Société n'avait depuis trois ans perdu qu'un de ses membres, et voilà que la fin de 1875 nous enlève, en quatre mois, quatre confrères, dont le dernier atteint, un des plus chers et des plus vénérés, était notre excellent honoraire, M. André-Pontier.

Sa perte laisse d'universels regrets que nul n'était plus digne d'inspirer. Sa douceur, sa parfaite bienveillance, l'aménité de ses manières, son extrême modestie qui voilait au premier regard des qualités éminentes :

une volonté ferme et persévérante, un rare savoir littéraire, une haute sagesse pratique, tout concourait à
faire de M. André-Pontier le type accompli d'un édu-
cateur de la jeunesse, le modèle des vertus aimables et
solides qui doivent être proposées à son émulation.

Né à Paris le 20 avril 1801, il fut privé bien jeune
des caresses maternelles ; son père, qu'il devait trop
tôt perdre aussi, le mit à huit ans au lycée Napoléon,
où son application ne tarda pas à faire transformer en
une bourse entière la demi-bourse qu'il avait d'abord
obtenue. L'enfant annonçait déjà l'homme et préludait
par le travail à une carrière laborieuse. Il obtint de
nombreux succès, termina avec distinction ses études,
entouré de condisciples comme Saint-Marc Girardin,
de Wailly, Quicherat, Gérusez, qui restèrent toujours
ses amis, et entra à dix-neuf ans à l'Ecole normale.

Il y fut admis le premier dans la section des lettres et
s'y maintint à ce rang par un labeur opiniâtre. La section
des sciences avait reçu, la même année (1820), un autre
travailleur infatigable, M. Barbet, notre digne Président honoraire. M. Pontier venait de subir brillamment
les épreuves de la licence, quand l'Ecole fut brusque-
ment supprimée en 1822. Cette mesure violente, à laquelle la sage administration de M. Gueneau de Mussy
semblait avoir ôté tout prétexte, frappa M. André-Pontier d'un coup aussi rude qu'immérité.

On le sentit sans doute, car on lui offrit en dédomma-
gement une chaire d'humanités au collége de Vesoul. Il
l'occupa dix-huit mois ; puis, désespérant de l'Université et las d'attendre les réparations de l'avenir, il
revint à Paris avec l'espoir d'y trouver un meilleur emploi de ses talents. Il écrivit dans les journaux. Des

articles de critique littéraire très-appréciés commençaient à lui assurer une existence honorable, tandis que d'autres articles, sur des sujets d'économie politique, révélaient le côté pratique de son esprit. Bientôt il accepta un préceptorat dans l'honorable maison de La Ferronnays. Mais rien de tout cela ne lui promettant une situation stable, il prit le parti d'acquérir un petit pensionnat dans la banlieue, à Nogent-sur-Marne, et c'est là qu'il vint se fixer le 1er février 1827.

L'institution ne comptait que dix-huit élèves quand il en prit la direction. Pour lui lui donner les développements qu'elle comportait, et en faire une de ces maisons importantes où tant de familles de Paris et des environs viennent chercher pour leurs enfants une instruction pratique et d'excellentes conditions hygiéniques, il fallait de grands efforts et une réelle capacité. Le succès fut complet, et il fut dû au seul mérite; car nul ne songeait moins qu'André-Pontier à se faire valoir, et nul, à vrai dire, n'y était moins propre. Modeste, réservé, et comme en défiance de lui-même, il ne donnait sa mesure que par ses actes. On reconnut bien vite en lui un professeur habile et un administrateur remarquable. Non seulement sa vigilance, mais encore son tact et sa pénétration étaient rarement en défaut. La bonté dominait chez lui, sans exclure la fermeté.

Il est juste d'ajouter qu'un autre dévouement secondait admirablement le sien. Partageant ses soins entre sa famille et ses élèves, et suffisant à une double tâche, Mme André-Pontier déployait des qualités de premier ordre dans la direction économique de la maison et portait vaillamment sa bonne part des responsabilités d'une grande administration.

Car la maison avait grandi. Au modeste immeuble occupé en 1827, avait succédé un vaste local acquis deux ans plus tard et progressivement aménagé pour contenir un établissement scolaire de premier ordre.

Ainsi se passèrent jusqu'en 1854 vingt-sept années, pendant lesquelles de nombreuses générations d'élèves vinrent chercher dans la maison de M. André-Pontier un enseignement analogue à celui que l'Etat a, depuis, adopté sous le nom d'*Enseignement secondaire spécial*, et ces germes de vertus qui flottent dans l'atmosphère où respire un homme de bien. La fatigue se faisait sentir. M. Pontier n'eut pas à chercher loin l'homme à qui il pouvait avec sécurité transmettre sa succession. Il le trouva dans son gendre, et eut la satisfaction de voir se continuer, par les soins de M. Gustave Lebègue, la prospérité que ses efforts avaient appelée et fixée.

Cependant, M. A. Pontier, récompensé de la confiance qu'il avait eue en la valeur de l'enseignement libre, n'avait point oublié l'une des conditions du succès de cet enseignement : les bons rapports de confraternité entre les chefs des établissements qui le représentent. L'intérieur et les alentours de Paris comptaient un grand nombre de maisons de cet ordre, dirigées par des hommes énergiques qui avaient ou essayé d'abord de l'Université, ou dès le premier jour planté leur tente à côté d'elle, comme des collaborateurs à la fois indépendants et sympathiques. D'accord avec M. Aubert, chef d'institution à Vincennes, et avec quelques autres de nos plus anciens confrères, M. Pontier avait travaillé à unir dans une société amicale, ces hommes de labeur et de courage. La *Conférence de la Banlieue* fut le premier fruit de ces efforts ; *l'Association générale des Chefs*

d'Institution de la Seine, dont la conférence de la
Banlieue resta une section importante, fut le second. De
la première, M. André-Pontier, succédant à M. Aubert,
fut dix ans président; de la seconde, il fut, depuis son
origine en 1843, membre actif; puis, après la cession
de son établissement, membre honoraire et longtemps
conseiller. Son zèle, son assiduité, son urbanité dans
toutes nos réunions étaient exemplaires.

Pour une nature comme la sienne, le travail n'est
pas seulement un devoir, mais un plaisir et un besoin.
A peine libre des soins qu'impose la direction d'une
maison d'études, M. Pontier chercha dans des œuvres
d'intérêt général un nouvel aliment à son activité. Délégué cantonal pour l'arrondissement de Sceaux, il ren-
dit à l'enseignement primaire des services prolongés
que récompensèrent les palmes d'officier de l'Instruction
publique succédant à celles d'officier d'Académie, obte-
nues comme chef d'institution. D'autres services dans
l'administration municipale, dans la direction d'établissements de bienfaisance, dans l'ancienne garde nationale, lui valurent ensuite la croix de la Légion d'honneur. Mais de nouvelles fonctions allaient bientôt lui
créer des obligations aussi multiples et des responsabilités encore plus lourdes que celles dont il avait voulu
se décharger par l'honorariat. Nommé maire de Nogent
en 1869, il ne tarda pas à voir la Commune qu'il ad-
ministrait avec une sollicitude paternelle, changée
en place de guerre. Durant le siège, en dépit de
ses soixante et dix ans, il dut se multiplier pour
assurer la subsistance de ses administrés, au nombre de
plusieurs milliers, que le canon des assiégeants avait,
pour la plupart, refoulés dans Paris; et comme cette

population, rentrée dans ses foyers, s'irritait d'y voir l'ennemi installé par la loi de l'armistice, il sut la calmer et prévenir des collisions dangereuses.

Après ce double service, M. Pontier, rendu à la vie privée, ne s'occupa plus que d'œuvres de bienfaisance. Il avait consacré à l'enfance ses années de force et de maturité; il lui consacra celles de sa vieillesse et de son déclin. Mais cette fois, il choisit l'enfance délaissée. Se souvenant qu'il avait été orphelin, il s'appliqua à diriger les premiers pas des orphelins dans la vie, et fut l'un des membres les plus zélés de la Société de patronage. Il partageait son temps entre ces travaux pleins de charme pour son bon cœur, et les soins que réclamait la santé de Mme André-Pontier, obligée de passer ses hivers à Nice. Il l'y accompagnait chaque année, sans paraître avoir besoin pour lui même de la douceur du climat méridional. C'est là pourtant que tout à coup ses forces ont défailli, et que, le 24 novembre 1875, l'homme de bien s'est éteint au milieu des soins impuissants et empressés d'une compagne qui n'avait pas paru destinée à lui survivre. Il était âgé de 74 ans.

Trois jours après, la population de Nogent et de nombreux amis des environs, émus de cette fin soudaine, rendaient les derniers devoirs au noble et bon vieillard, et déposaient ses restes dans le cimetière de la commune où s'était écoulée la meilleure part de sa vie. Tandis que sa tombe modeste rappelle à ses anciens élèves et à ses administrés de purs et bienfaisants souvenirs, ses confrères de tout âge, depuis ses contemporains de l'Ecole normale, jusqu'aux nouveaux venus qui n'ont pu que deviner son âme à la douceur de sa voix et à la bienveillance de son regard, s'encouragent par

son exemple à l'accomplissement des devoirs qu'il a si
bien pratiqués et honorés. Sur une pareille tombe, la
reconnaissance seule pouvait parler après la religion.
Les confrères de M. Pontier, les orphelins qu'il a protégés, les élèves qui ont été formés dans sa maison ont
voulu tour à tour élever la voix pour bénir sa mémoire,
et lui dire un dernier adieu. Notre vice-président,
M. Gaufrès, s'est fait en ces termes l'écho de tous nos
regrets :

« Mes chers Confrères, Messieurs,

« L'homme vénérable auquel la Société des chefs
d'Institution rend aujourd'hui les derniers devoirs, a
honoré notre profession par un mérite de plus en plus
rare dans les carrières laborieuses : la persévérance.
Orphelin de bonne heure, et appelé à être le fils de ses
œuvres, M. André-Pontier ne se laissa pas décourager
par le coup qui vint s'opposer à ses premiers pas : la
suppression de l'École normale supérieure dont il était
élève en 1822. Persuadé de l'excellence de l'enseignement libre et de l'avantage d'une situation indépen-
dante, il fonda en 1827 la maison à laquelle il a attaché
son nom. Il fut un des promoteurs de notre Association,
et son nom figure sur notre tableau, à côté de ceux de
nos aînés, depuis 1847. Il ne demanda l'honorariat
qu'en 1854, après vingt-sept ans d'exercice, vingt-sept
ans dont chacun devrait compter double, en raison de
la multiplicité des soins et des responsabilités qui le
chargent, si l'on comptait doubles pour nous les années
de campagne, comme on le fait dans la vie militaire.
« A ces vingt-sept années, M. André-Pontier voulut

ajouter toutes celles qu'il lui serait donné de vivre, car
jamais il ne songea à déposer le titre honorable de chef
d'Institution. Nous avons donc eu le bonheur de le con-
server encore vingt et un ans comme membre honoraire
de la Société, à laquelle il se trouve avoir ainsi consacré
quarante-huit années de sa vie.

« Et il les lui a bien réellement consacrées, non seulement en contribuant pour sa part à la prospérité de
l'enseignement libre par la bonne direction imprimée à sa
maison ; non seulement en donnant au milieu de nous
l'exemple d'une vie grave et digne, mais en travaillant
sans relâche à l'union de nos diverses maisons, en se
montrant infatigablement assidu à nos réunions parti-
culières et générales, en présidant pendant dix ans la
Conférence de la Banlieue, en apportant aux séances de
notre Conseil, dont il a fait si longtemps partie, le tribut
de son expérience et de son esprit pratique ; car cet
homme de bien, dont une même idée a animé la longue
vie, a su joindre à la constance dans son entreprise
privée l'urbanité et l'abnégation qui cimentent les asso-
ciations utiles.

« Aussi a-t-il recueilli de ses travaux le double fruit
que nous contemplons avec consolation : la prospérité
d'un établissement que deux transmissions n'ont fait
que rattacher plus étroitement à sa famille, et les regrets
unanimes de ses confrères, dont les diverses générations,
correspondant à celles de sa maison même, garderont
également son souvenir.

« Une carrière si longue et si honorable ne pouvait
avoir pour seuls témoins les membres de l'enseignement
libre. L'autorité universitaire fut la première à en
sanctionner le mérite en décernant successivement à

M. André-Pontier les titres d'officier d'Académie et d'officier de l'Instruction publique. L'administration supérieure y ajouta bientôt une plus haute récompense, la croix de la Légion d'honneur, pour de grands services rendus comme officier dans l'ancienne garde nationale. Enfin une autre distinction dut être douce au cœur de notre vénérable ami. Nommé maire de la commune où il avait commencé et poursuivi sa carrière, connu de tous ses administrés et les connaissant tous, il eut l'occasion de leur rendre des services de toute nature, dans la surveillance de leurs intérêts communs, dans l'instruction primaire, dans la bienfaisance, dans la protection accordée aux orphelins, dans les secours mutuels, etc., et de continuer ainsi à diriger paternellement, dans l'âge adulte, ceux dont il avait instruit et soigné l'enfance. Durant le siége, il ne fut pas seulement pour eux un ami bienveillant, mais un protecteur efficace.

« Il y a quelque chose de touchant et, pour ainsi dire, de patriarcal dans une vie qui se déroule d'un bout à l'autre sans solution de continuité, sans soubresauts, dans les mêmes lieux, au milieu des cercles concentriques d'une affection partout respectueuse et sincère, mais de plus en plus vive et tendre, à mesure qu'elle passe des administrés aux élèves, aux confrères, à la famille. Et cette vie laisse une leçon à ceux qui la méditent à cette heure suprême : c'est que le travail, la persévérance, la haute probité, le dévouement sont le meilleur emploi de l'existence ; que le sentiment public rend justice à tous ceux qui se vouent de tout cœur à l'éducation de la jeunesse, et qu'il est honorable et bon pour nous, mes chers Confrères, malgré les difficultés de la tâche et de l'heure présente, de marcher dans une voie où nous avons été si dignement précédés. »

Après cet hommage rendu au Confrère, **M. Dubail**, ancien maire du Xe arrondissement, a pris la parole au nom de la *Société d'apprentissage des jeunes Orphelins de Paris*, et rappelé ainsi les titres de l'homme bienfaisant :

« L'Homme excellent, dont nous venons de rendre à la terre les restes mortels, n'aura point passé dans ce monde sans y laisser la trace de ses vertus. — Après les hommages dus à l'instituteur éminent et au magistrat municipal, qu'il me soit permis de lui offrir le tribut plus modeste de la reconnaissance des œuvres de charité et de secours mutuels des Orphelins de Paris aux · quelles il a prêté longtemps son utile et dévoué concours.

« Après avoir donné plus de la moitié de sa vie à l'instruction des enfants de familles aisées, André-Pontier ne quitta ces honorables fonctions que pour consacrer ses loisirs, son expérience, son intelligence et son cœur à l'éducation professionnelle des Orphelins déshérités de la fortune.

« C'est en 1855 qu'il prenait place dans les rangs de la Société d'apprentissage, fondée par un homme dont il avait gardé le pieux souvenir, le vénérable de Gérando, ce maître de la bienfaisance moderne. Bientôt après, chargé du rapport annuel sur les travaux de l'œuvre,

il faisait entendre à nos pupilles la leçon la plus tou-
chante, tirée de son propre exemple :

« Orphelin moi-même au sortir du collége, leur di-
« sait-il, j'ai été l'un de ces nombreux jeunes gens à
« qui la recommandation et les conseils de M. de Gé-
« rando étaient si utiles. En signalant aujourd'hui ses
« nombreux services, je considère comme mon plus
« beau privilège de rapporteur de m'associer aux senti-
« ments de respect et de reconnaissance que son nom
« doit inspirer à tous. »

« Dans cette œuvre de la charité, la meilleure de
toutes, celle qui s'adresse à l'enfance délaissée, André-
Pontier trouva le couronnement de sa vie. Avec une
aimable simplicité, il y apportait l'autorité naturelle de
son caractère, la connaissance acquise des moyens d'é-
ducation, et, par-dessus tout, la bonté. Personne mieux
que lui ne savait mettre le doigt sur la plaie à guérir et
en indiquer le remède. Un sourire paternel tempérait
toujours la gravité quelquefois obligée de ses remon-
trances, et l'on voyait qu'il aimait mieux louer que
blâmer, et ne se lassait pas d'encourager.

« Aussi ses collègues du Patronage et de la Société
mutuelle des amis d'apprentissage, qui le comptait au
nombre de ses fondateurs, lui témoignèrent-ils souvent
leur sympathique estime en lui conférant les titres de
secrétaire et de vice-président.

« Il y a peu d'années, il acceptait encore les fonctions
de rapporteur, ce qui lui permit de répandre sur la
jeune et intéressante famille de nos protégés, comme une
dernière rosée de bénédictions paternelles.

« Absent les hivers, par dévouement pour sa chère
compagne, il nous revenait au printemps avec plus de

furce et même de jeunesse, tant la sérénité active d'une bonne conscience se réfléchissait dans ses traits et faisait oublier son âge.

« Frappé par la maladie, ce digne homme de bien a succombé loin d'ici, mais son honorable famille a la consolation de voir se presser avec elle, autour de sa tombe, ses nombreux amis, c'est-à-dire tous ceux qui l'ont connu. Élèves, protégés, sont venus aussi lui payer pieusement leur dernier hommage, et tous rediront avec nous :

« Ce fut un ami véritable, éclairé et dévoué de la jeunesse. »

Enfin, M. Edouard Lebègue, neveu et successeur de M. Gustave Lebègue, s'est ainsi exprimé au nom des élèves de M. Pontier et de l'institution qu'il a fondée :

« Messieurs,

» Des voix plus éloquentes et plus autorisées que la mienne viennent de vous dire ce que fut M. Pontier, et quels unanimes regrets il laisse parmi tous ceux qui l'ont connu ; si je prends la parole à mon tour, c'est que je n'ai pas cru devoir laisser fermer cette tombe sans adresser à celui qui n'est plus un dernier adieu au nom de l'institution qu'il a fondée, à laquelle il s'intéressa toujours, après lui avoir consacré de longues années de travail et de dévouement.

» Qu'il s'agît pour lui de ces fonctions municipales

auxquelles il sacrifiait un repos légitimement acquis, ou de ces fondations de charité auxquelles son expérience et sa bienfaisance inépuisable apportaient un précieux concours, M. Pontier fut toujours l'homme que ses élèves avaient connu, simple, bienveillant, de bon conseil, modeste jusqu'à l'excès, n'épargnant ni son temps ni sa peine, se dévouant sans ostentation. D'ennemis on ne lui en connaissait pas, et l'envie elle-même n'osait s'attaquer à cet *otium cum dignitate*, fruit d'un long travail et d'une parfaite honorabilité ; mais aussi que de plaisir et d'attendrissement ne voyait-on pas chez ses anciens élèves, je dirais volontiers ses amis, lorsqu'on les entendait parler du temps passé sous sa direction, vanter sa bonté, son esprit de justice, sa vigilance de tous les instants, les soins constants qu'il consacrait à leur bien-être physique comme à leur développement intellectuel et moral !

» Certes, Messieurs, notre profession impose de lourds devoirs et un labeur pénible ; mais la récompense peut être belle, et dignement payer la persévérance et l'énergie des efforts.

» Reposez donc en paix, homme de bien, et que la terre vous soit légère, à vous qui fûtes bon envers tous ; pour une famille désolée, mais chrétienne, pour des concitoyens qui savent ce qu'ils vous doivent, pour des amis qui vous appréciaient depuis de longues années, pour des hommes que vous avez instruits et formés aux luttes de la vie, le regret de votre perte est de ceux que le temps peut adoucir, mais qu'il n'effacera jamais. »

Nos deux présidents ont voulu à leur tour rendre

hommage à l'excellence du confrère que nous avons
perdu. M. Barbet, en quelques mots émus, a rappelé
sur la tombe l'amitié qui l'avait uni à Pontier dès l'E-
cole normale, et la douleur commune où les avait jetés
le licenciement de 1822. M. Chevallier, qu'une raison
de force majeure avait éloigné de Paris le jour de la sé-
pulture, a ainsi rappelé la carrière honorable d'André
Pontier dans son rapport de fin d'année :

« Après tant de pertes cruelles, nous pouvions croire
que la mort apaisée allait enfin suspendre ses coups, et
que l'année 1875 s'achèverait sans nous demander un
nouvel holocauste.

» Mais, avant de finir, cette année, déjà si néfaste
dans l'histoire de notre Société, a voulu, comme dernier
adieu, mettre le comble à nos douleurs en emportant
avec elle un de nos plus chers honoraires. Elle a ravi à
nos affections notre bien-aimé André Pontier.

» Qui de nous, Messieurs, pourra jamais oublier la
bienveillance et l'affabilité de cet excellent confrère ? Il
avait vu grandir auprès de lui quatre générations, et,
lorsqu'on le voyait prendre part activement à tous nos
travaux, partager toutes nos fêtes de famille, on retrou-
vait en lui toute la fraîcheur des qualités de la jeunesse.

» Nous, qui avions toujours admiré l'inaltérable
égalité de son caractère, l'aménité de ses rapports, la
sûreté de ses conseils, nous nous étions habitués à croire
que, semblable à ces chênes dont on ne connaît plus
l'âge, il ne pouvait pas cesser de nous abriter de son
ombre.

» En perdant MM. Guerbigny et André-Pontier, nous avons perdu deux hommes qui ont fait l'honneur de notre profession et qui ont jeté un grand éclat sur notre Société.

» En fondant de grands établissements au milieu des campagnes, et en propageant une instruction solide, un enseignement pratique et vraiment utile au sein de populations moins bien cultivées et moins favorisées des dons de la fortune que celles des villes, ils ont rendu un immense service au pays. De son côté, le pays les a appréciés et leur a prodigué les gages de sa gratitude. En les appelant dans tous les conseils électifs, en accumulant sur leur tête les honneurs municipaux, il leur a rendu un hommage qui rejaillit sur tout notre corps; il a proclamé que ceux qui savent élever ses enfants sont aussi les plus dignes et les plus capables d'administrer ses affaires.

» C'est bien à MM. Guerbigny et André-Pontier qu'on peut adresser les belles paroles que M. Labrouste prononçait jadis sur la tombe d'un de nos doyens : « Beaucoup d'honneur, disait-il, est dû à ces hommes fortement trempés, profondément convaincus, qui savent marcher d'un pas égal et constant dans la voie qu'ils se sont ouverte, dans la carrière que la Providence leur a assignée, résistant avec énergie aux imprudentes aspirations et à tous les entraînements des ambitions fiévreuses qui tourmentent notre époque. Honneur à leur mémoire ! qu'elle vive au milieu de nous comme un noble et salutaire enseignement! »

Paris. — Alcan-Lévy, imprimeur-breveté, 61, rue de Lafayette.